Mircea Dinescu ist einer der bedeutendsten Dichter der Gegenwart. Nicht erst seit die großen europäischen Zeitungen seine Gedichte drucken, gehört seine Stimme zur Weltliteratur. In seinen Gedichten vertritt Mircea Dinescu das, was schon immer Aufgabe des Dichters gewesen ist: Die Spannung der Welt in sein Gedicht hineinzunehmen, im Paradox eines Bildes den Widersinn der Geschichte und den Widerstand des einzelnen aufleuchten zu lassen. Aus der Einsamkeit des Hausarrests wurden seine Gedichte zu Lebens-Mitteln für viele, wurden zum Ferment eines politischen Umsturzes.

»Liest man Werner Söllners Übersetzungen, glaubt man gleichwohl, in den Reichtum dieser Lyrik eingedrungen zu sein: Ihre barocke, oft geradezu überbordende Metaphorik, ihre zornig-zärtlichen Tonlagen, ihre kühnen Spiele mit Rhythmus und Reim wirken unmittelbar und stark.« *Neue Zürcher Zeitung*

*Mircea Dinescu*, geboren 1950 in der südrumänischen Kleinstadt Slobozia. Nach dem Abitur und Militärdienst Beschäftigung als Redakteur bei Literaturzeitschriften, zuletzt bei der Zeitschrift des Schriftstellerverbandes *România literară* in Bukarest. Nach dem Erscheinen von Dinescus erstem Gedichtband (1971), der von der Kritik als ein literarisches Ereignis eingestuft wurde, folgten weitere Lyrikveröffentlichungen, für die der Autor mit den wichtigsten Literaturpreisen seiner Heimat ausgezeichnet wurde. Im März 1989 erschien ein Interview mit dem Autor in der französischen Tageszeitung *Libération*, in dem Dinescu mit dem politischen Regime des Diktators Ceaușescu scharf abrechnete. Er wurde daraufhin unter Hausarrest gestellt – bis zu Ceaușescus Sturz, den er am 22. Dezember 1989 als erster im rumänischen Fernsehen verkündete.

Mircea Dinescu

# Ein Maulkorb fürs Gras

Gedichte
Rumänisch und Deutsch

Ausgewählt und übersetzt
von Werner Söllner

Fischer Taschenbuch Verlag

Ungekürzte Ausgabe
Veröffentlicht im Fischer Taschenbuch Verlag GmbH,
Frankfurt am Main, Juli 1994

Lizenzausgabe mit freundlicher Genehmigung
der Ammann Verlags AG, Zürich

Druck und Bindung: Clausen & Bosse, Leck
Printed in Germany
ISBN 3-596-11873-5

*Gedruckt auf chlor- und säurefreiem Papier*

# I

## Baladă de pierdere

Sînt pentru noapte lampă subţire
şi cu fitilul sîngelui scurt
lîng-un perete ard în neştire
suflă spre mine clopotul surd.

Tînjesc departe şi nu am casă
piatra-nfloreşte dinspre genunchi
în locul pleoapei vreau o mireasă,
mamă, vesteşte ceasul la unchi.

În pivniţi vinul albit pe frunte
leagănă luna pentr-un argint,
îmi caut trupul de peste munte –
voalul miresei l-o fi orbind.

Să ardă blonzii, blonzii salcîmii
voi fi prin sînge fratele lor;
nu-mi pot întoarce tremurul mîinii
pe sînul Maicii de lîngă nor.

Dar pune, mamă, jar în mireasă
plîngi de pe-acuma căci am să cînt,
şadă cu toţii veseli la masă
eu mai întîrzii pe sub pămînt.

## Ballade vom Verlorensein

Ich bin für die Nacht eine Funzel
und verbrenn an der Wand für und für
den Docht meines Blutes, den kurzen.
Taub bläst die Glocke zu mir.

Stein wird vom Knie her Blüten tragen
fort von hier, mir ist kein Haus gebaut;
Mutter, deines Bruders Uhr wird schlagen
statt der Wimper will ich die Braut.

Im Keller die Weine mit weißen Stirnen
schaukeln den Mond wie ein Kind.
Wo ist mein Leib? Auf der Firne
macht ihn wohl der Brautschleier blind.

Die Akazien, die blonden, solln brennen
ich werde ihr Blutsbruder sein;
die zitternden Hände kann ich nicht trennen
von der Brust Unsrer Lieben Mutter vom Stein.

Mütterchen, in die Braut leg noch Glut
und wein schon, weil ich singen werde;
feiern solln sie alle frohgemut.
Ich verspäte mich noch in der Erde.

## Lentilă

Oh din oglindă moartea mă imită:
aur copil cenuşă rînd pe rînd,
nu sînt decît lentila prăfuită
prin care timpul a privit rîzînd.

## Linse

Ach nacheinander – Gold, Kind, Asche:
der Tod äfft mich im Spiegel nach.
Ich bin nichts als die trübe Linse
da blickt die Zeit hindurch und lacht.

## Călătoria

ca să cobori cu arta in stradă
să nu foloseşti şi tu acelaşi lift hodorogit
în care s-au pus la cale atîtea afaceri cu cîntec ...
Renunţă în primul rînd la *poezie*
şi te va durea stomacul mai puţin.
Poţi din cinism să-ţi prelungeşti viaţa
poţi înlocui cuvîntul cu întîmplarea
poţi scoate limba la soare ca o ediţie princeps
poţi căra (pilind zilnic cîteva grame)
turnul Eiffel într-o pivniţă.
Sinuciderea nu mai rentează.
Ca să ajungi scriitor celebru
în Europa
trebuie să fii cel puţin canibal,
sau să propui o soluţie trăsnită pentru înflorirea Saharei
(cei cu apă la plămîni să fie paraşutaţi,
de exemplu, acolo).
Nebunii pasivi n-au nici-o căutare;
dacă te-ai căsători cu-o maşină de tocat carne
cine ştie ce trust din America
ţi-ar plăti călătoria de nuntă
cu condiţia să torni nişte copii piparaţi şi fără nici-un gust
ca celebrul lor hamburger ...
Societatea de consum
te umileşte iarna cu pepeni
iar vara te speteşti cărînd cu pufoaica ouă
pentru solistele de la Metropolitan.
Moţăi pe malul Senei
şi deodată-ţi miroase-a Dîmboviţă,
provincial speriat

## Die Reise

Um mit der Kunst auf die Straße zu gehn
steig nicht auch du in jenen klapprigen Lift
in dem so viele Geschäfte mit Pfiff ausgeheckt worden …
Verzichte vor allem auf Poesie
und der Magen wird dir nicht mehr so weh tun.
Aus Zynismus kannst du dein Leben verlängern
das Wort mit der Handlung ersetzen
der Sonne die Zunge herausstrecken wie eine Ausgabe letzter
        Hand
und sogar den Eiffelturm in einen Keller schaffen
mit einer Feile in der einen
und mit der Wodkaflasche in der andern Hand.
Um als Schriftsteller zu Ruhm und Ehren zu kommen
in Europa
mußt du zumindest ein Kannibale sein
oder eine närrische Lösung für die Urbarmachung der Sahara
        vorschlagen
(man könnte z.B. Leute mit Wasser auf der Lunge
mit dem Fallschirm dort abspringen lassen).
Passive Toren sind nicht mehr gesucht;
wenn du einen Fleischwolf heiraten würdest
trüge wer weiß welcher Konzern aus Amerika
die Kosten der Hochzeitsreise
– vorausgesetzt, du zeugst ein paar gepfefferte Kinder,
fad wie diese berühmten Hamburger …
Die Wohlstandsgesellschaft
demütigt dich im Winter mit Honigmelonen
und sommers keuchst du, wenn du den Sängerinnen
von der Metropolitan in der Pelzjoppe Eier bringst.
Du machst ein Nickerchen am Ufer der Seine
und plötzlich riechts dir nach Dîmboviţă;
du verschreckter Provinzler,

crezi că dacă-o cotești în Montparnasse pe-o străduță
începe Bucureștiul.
Nu ți-e ușor să înțelegi
că poezia nu mai are nevoie de hîrtie
că un glonț se face mai auzit decît o carte
că dentiștii mecanicii coafezele aviatorii
chelnerii inginerii belferii amiralii și măturătorii
înstăriți
pe bună dreptate n-au nici-un chef să citească sonete,
fiindcă țelul suprem e să te-nrudești cu petele de grăsime
din supă
adică să stai totdeauna deasupra

wenn du auf dem Montparnasse in ein Gäßchen einbiegst,
glaubst du gleich, hier beginnt Bukarest.
Es fällt dir schwer zu kapieren
daß die Poesie kein Papier mehr braucht
daß eine Gewehrkugel mehr von sich reden macht
als ein Buch
daß die begüterten
Zahnärzte Mechaniker Friseusen Piloten
Kellner Diplomingenieure fixen Jungen Admirale
und Straßenkehrer
mit gutem Grund keine Lust auf Sonette haben:
denn das Höchste auf Erden erreicht man
wenn man sich mit den Fettaugen auf der Suppe verschwägert
das heißt stets obenauf ist

## Actorul

Azi scriem poezia pe mari bucăţi de pîine
arta-i maşinăria de curăţat cartofi,
chiar tu vei fi cartoful sortit zilei de mîine
actor retras ca melcul în pantofi.

Iată cum din teroare pianul spală rufe
şi sar din pieptul nostru cameleoni de preţ
iată cum scoate limba ceasul zvîrlit în tufe
cu vipera aprinsă de fiere şi dispreţ,

iată cum umblă foamea prin cîntec ca o mamă
cum calcă pacea beată pe morţii din tranşei
o mînă scoate-n ceruri un înger de reclamă
o alta zvîrle molimi pe turmele de miei.

Tu care-ţi pui pistolul la tîmplă ca pe-o floare
cînd sus în nori rînjeşte hazardul roz şi chel
tu care mori de noapte şi mori de fiecare
porţi viermele în palmă ca pe un scump inel,

septembrie îţi sare ca o pisică-n faţă
şi înfloresc în tine vise de şoarec mic
nimic nu-ţi mai ajunge şi totul te răsfaţă
proprietar pe vorbe şi rege pe nimic,

smulge-ţi tu singur limba scrie pe ea Adio
îneacă-te-n saliva celor ce te-au rîvnit
ascultă trenul toamnei cum se răstoarnă-n ziuă
cu tîmpla mea de aur într-un vagon rănit

## Der Hauptakteur

Wir schreiben heute Lyrik auf große Stücke Brot
die Kunst ist eine gute Kartoffelschälmaschine.
Du selber wirst geschält sein beim nächsten Morgenrot
ein Hauptakteur im Schneckenhaus statt auf der Bühne.

Vor lauter Terror tüncht das Klavier das Haus
ein kostbares Chamäleon springt aus unsrer Brust.
Die weggeworfne Uhr streckt dir die Zunge raus
wie eine tolle Viper, der du dann gar nichts tust.

Sieh wie mütterlich der Hunger durch die Lieder geht
wie der besoffne Frieden auf die Toten stampft
wie eine Hand den Werbeengel in den Himmel hebt
indes die andere die brave Herde mit Pest bestraft.

Der du die Pistole an die Schläfe setzt so sacht
wenn oben in den Wolken der pure Zufall grinst
der du an allem stirbst und stirbst vor lauter Nacht
behütest einen Wurm als Ring, den du gewinnst.

Wie eine Katze springt der Herbst dir ins Gesicht
und du träumst Träume einer kleinen Maus:
Alles verwöhnt dich, es gibt keinen Verzicht –
dein sind die Wörter, Majestät im Armenhaus.

Reiß dir die Zunge aus und schreib Adieu darauf
ersauf dann in der Spucke jener, die dich so geliebt
hör, wie der Zug des Herbstes in den Tag entgleist
mit meiner goldnen Schläfe in einem Abteil Lied

## Apoteoza orbilor

meseria poetului e la fel de rentabilă
ca o vînătoare de bizoni
adică rozi ciolane de fluturi
adică poza ta e aşezată în cuşca unui tigru înfometat
şi-n timp ce-şi clămpăne lăturile
două gloanţe te vizitează acasă
ca un omagiu al ochilor săi visători.
Răzuie aşadar zîmbetele copiilor de pe geamuri
să priveşti moartea ca un lux al săracilor.

Şi filmul zorilor pe faţa ta schimonosită
rulează:
bătrînul profesor plimbă bidonul cu gaz
într-un cărucior de copil
femeii care se piaptănă
îi cad bancnote fierbinţi din păr
(la fulgerul lor soţul albeşte ca un cobai
căruia i s-au transplantat creierii savantului răzvrătit)
bice electrice mînă tineri fericiţi
spre abatoarele cîntecului ...
Auzi atunci cum în stomacul maimuţei
putrezeşte mărul iubirii
iarba fluierînd zgura de pe creştetul bunului Dumnezeu,
rufele murdare ale zilei de ieri
migrînd ca berzele spre însoritul inconştient ...

## Die Apotheose der Blinden

Der Beruf des Dichters ist genauso rentabel
wie eine Bisonjagd
das heißt, du nagst an Schmetterlingsknochen
das heißt, dein Bild steht im Käfig eines ausgehungerten
Tigers
und während er seinen eignen Dreck runterschlingt
besuchen dich zu Hause zwei Kugeln
als eine Hommage seiner verträumten Augen.

Kratze also das Lächeln der Kinder vom Fensterglas
damit du den Tod als einen Luxus für Arme sehn kannst.

Und der Film der Morgenröte läuft
auf deinem verzerrten Gesicht:
Der alte Professor fährt die Gasflasche
in einem Kinderwagen spazieren
aus dem Haar der sich kämmenden Frau
fallen heiße Geldscheine
(in ihren Blitzen ergraut ihr Ehemann wie eine Ratte
der man im Versuchslabor das Gehirn des rebellierenden
Gelehrten transplantiert hat)
elektrische Peitschen treiben glückliche Jugendliche
zu den Schlachthöfen des Lieds …

Horch dann wie der Apfel der Liebe
im Affenmagen verfault
und wie das Gras
die Schlacke von Gottes Scheitel auspfeift
und die schmutzige Wäsche von gestern
zieht langsam, wie Störche im Flug, ins sonnige
Unterbewußtsein …

Numai rîsul iubitei mai păstrează un clinchet ciudat
ce face să cadă emoţionate
mîinile orbilor în pălării

Allein das Lächeln der Liebsten hat noch ein seltsames
Klingen in sich
das die Hände der Blinden
aufgeregt in ihre Hüte fallen läßt

## Viaţa de artist

eu te-am inventat
şi-acum îţi rupi frumuseţea ca pe o pîine
în faţa tuturor,
eu te-am inventat – şi iată-mă agrafă măruntă
în părul tău aducător de toamnă.
Odinioară locuiau în tine iepuri de casă
închideai ochii şi mi se făcea somn,
astăzi călătoresc în tramvaie
aproape mi-e ruşine că scriu poezii
şi de mi-aş putea împacheta viaţa în lăzi
le-aş abandona la marginea oraşului
fericit ca un biciclist tînăr.

Şi iată ca-n basme îmi bate la uşă cititorul
în stelele contoarului electric
amintindu-mi că trăiesc,
ca o certitudine vine contabilul
amintindu-mi că trăiesc,
tu nu vii
şi parcă zîmbetul prostesc din oglindă
îmi strigă-n locul tău: »trăieşti nătărăule? trăieşte ...«

## Künstlerleben

Ich war's, der dich erfunden hat
und jetzt brichst du deine Schönheit wie ein Stück Brot
vor aller Augen
ich war's, der dich erfunden hat – und jetzt bin ich
eine kleine Spange
in deinem Haar, das den Herbst mit sich bringt.

Vor Zeiten wohnten Kaninchen in dir
du machtest die Augen zu, und mich überkam der Schlaf.
Heute fahr ich mit der Straßenbahn
fast schäme ich mich meiner Gedichte
und könnt ich mein Leben in Kisten verpacken
ich ließe sie liegen am Stadtrand
glücklich wie ein junger Radfahrer.

Doch sieh da: wie im Märchen klopft plötzlich ein Leser
an meine Tür
jemand, der in den Sternen des Stromzählers liest
und erinnert mich daran, daß ich leb
wie eine Gewißheit kommt der Buchhalter
und erinnert mich daran, daß ich leb
du aber kommst nicht
und es ist, als riefe statt deiner
mein idiotisches Lächeln im Spiegel mir zu:
»Dummkopf, du lebst? Leb ...«

## Ceaiul

întotdeauna se găseşte cineva
care să-mi poarte de grijă
(numai îmbrăcînd hainele morţilor
m-aş mai putea furişa)
dar vine ziua cînd bisericile-şi scot turlele din cap
şi-mi spun »bună seara«
şi mi se-ngroapă trompeta-n pămînt
şi suflu-n pietre cu disperare dragostea mea ...

P.S. Fiindcă nu ne rămăsese
decît să dăm drumul poeziilor pe vînt,
beam ceai cu prietenul meu la marginea literaturii
numindu-ne redactori ai Musonului de primăvară,
pînă »bunăvoinţa« ne-a împins în lanul de grîu
la secerat
cu maşinile de scris,
plătindu-ne astfel ceaiul – ceaiul sau viaţa

## Der Tee

Jemand findet sich immer
der sich um mich kümmert
(nur in Totenkleidern
könnte ich abhaun)
doch es kommt noch der Tag
da die Kirchen ihre Türme ziehn
und mir einen guten Abend wünschen
da man meine Trompete begräbt
und ich verzweifelt meine Liebe in die Steine blase …

P.S.
Da uns nichts übrigblieb
als den Wind unsre Gedichte forttragen zu lassen
trank ich Tee mit meinem Freund am Rand der Literatur
wir ernannten uns zu Redakteuren des Frühlingsmonsuns
bis das »Wohlwollen« uns in die Kornfelder trieb
zur Mahd
mit den Schreibmaschinen
und den Tee für uns bezahlte – den Tee oder das Leben

## Grîu păzit de maci

Poetul dacă doarme netulburat în flori
treziţi-l voi prieteni căci vin secerători
cu palme înroşite ascunse printre maci
dacă eu tac tu mîine n-ai nici un drept să taci.
De mii de ani pămîntul precum un ceas e-ntors
aceiaşi cai mănîncă mereu acelaşi orz
unde mormîntul ţine în braţe alt mormînt
ning oase de luceafăr pe-o gură de pămînt
şi dragostea se duce mai sus de noi mai sus
iubim chiar răsăritul ce ne-a promis apus
cum ne-am întins în zare cu trupul ca un pod
şi-am îmblînzit zăpada venind din Polul Nord
şi fiarele vărsate de prea străine cuşti
(tîrziu în loc de gloanţe ardeau cuvinte-n puşti)
le-om arăta o ţară cu grîu păzit de maci,
cînd eu nu tac tu mîine n-ai nici un drept să taci

## Mohnblumen bewachen das Kornfeld

Wenn der Dichter still schläft im Blumengewitter
weckt, Freunde, ihn auf, denn es kommen die Schnitter
eine Mohnspur entlang kommt der sichelnde Reigen
wenn ich heute schweig, darfst du morgen nicht schweigen.
Seit ewig ist die Erde wie eine aufgezogne Uhr
die gleichen Pferde weiden auf der gleichen Flur
wo Gräber sich umarmen vor großer Müdigkeit
dort wo es bleiche Knochen von Abendsternen schneit.
Und höher steigt die Liebe, hoch über uns hinaus
die Liebe auch zum Osten, der uns ein Haus
versprach im Westen: Landleib, so gedehnt,
gezähmt hat er den Nordpol, der uns Schnee geschenkt
gezähmt hat er im Käfig die allzu fremden Bestien
(wir überlebten Kugeln und sterben vom Geflüster).
Der Mohn bewacht das Kornland, wir werden's ihnen zeigen:
wenn ich heut nicht schweig, darfst du morgen nicht
schweigen

## Soare închiriat

eu sînt o pată de ulei pe geamurile înalte
pe viaţa voastră scrobită zilnic
nici forţa nici ploaia nu mă vor face să dispar
întocmai cum mărunţişul din buzunarul cerşetorului
atrage fulgerul
printre tacîmurile de argint
voi strecura
şobolanul omorît în grădină de paznici
pe coaja pepenelui veţi descoperi
un poem zgîriat cu unghia dinadins
şi iată o crăpătură în zid
prin care una din fetele voastre va fugi cu studentul sărac
dar voi vă retrageţi sub soarele ieftin închiriat
sărbătorindu-vă indigestiile
lăsaţi-l să latre, veţi spune,
lăsaţi-l să latre,
nici măcar nu-i azvîrliţi ca altădată un os
ci liniştiţi vă întindeţi sub razele colţilor mei lucitori

## Gemietete Sonne

Ich bin ein Ölfleck auf den hohen Fenstern
auf eurem täglich frisch gestärkten Leben
weder Gewalt noch Regen können mich vertreiben.
So wie die Münzen in den Taschen des Bettlers
den Blitz anziehn
so werde ich die Ratte
die die Wächter im Garten getötet
zwischen euer Silberbesteck schmuggeln
auf der Melonenschale werdet ihr ein Gedicht entdecken
das ich mit dem Fingernagel eingeritzt
und seht bloß den Spalt in der Mauer
durch den wird eine eurer Töchter mit dem armen Studenten
durchgehn.
Ihr aber zieht euch unter die billig gemietete Sonne zurück
ihr feiert eure Verdauungsstörungen
laßt ihn bellen, werdet ihr sagen
laßt ihn bellen
ihr werft ihm nicht mal wie einst einen Knochen vor
ihr streckt euch ruhig aus in den Strahlen meiner
schimmernden Stoßzähne

## Capra contemporană

capra mănîncă trandafirii grădinilor municipale
ronţăie tramvaiele ca pe morcovii cruzi
nu pleacă dimineaţa la birou
nu citeşte gazeta de seară
dezbracă stîlpii de telegraf ca pe duzi
ignoră semafoarele cu neruşinare
nu-şi doreşte limuzină şi jur
n-a brevetat încă iarba artificială
deşi mai ştie cîte ceva despre păduri;
statuia din centru a fost schimbată
oraşul se leagănă într-un scrînciob de fum
numai această capră încăpăţînată
dă lapte şi nu se-ntreabă cum

## Die zeitgenössische Ziege

Die Ziege frißt Rosen in den Stadtparks
Straßenbahnen knabbert sie wie rohe Möhren
morgens geht sie nicht ins Büro
die Abendzeitung liest sie nicht
Telegraphenmasten entrindet sie wie Maulbeerbäume
schamlos ignoriert sie die Verkehrsampeln
sie wünscht sich kein Auto und, ich schwör's
auch das künstliche Gras
hat sie sich noch nicht patentieren lassen
obwohl sie von Wäldern noch so einiges weiß.
Die Statue im Zentrum hat man ausgewechselt
die Stadt schaukelt an einem Flaschenzug aus Rauch
nur diese starrsinnige Ziege
gibt Milch und fragt sich nicht wie

## Ceasornicarul

să faci parte din categoria acelor inşi
în stare să iubească femeia
sub gura încinsă a tunului,
lunea să porţi precum gunoierii
cocardele nunţilor sparte
marţea să refuzi cu încăpăţînare de geniu
ceaiul de muşeţel
să înfrunţi cu o bancnotă albastră
pieptănul oglinda explozia pudrei
în urmărirea picioarelor lungi ale sfintei miercuri
joia ascultă măceşul tuşind pe colinele primăverii
bătrînilor ce ţin o biserică în spinare
taie-le ziua de vineri
sîmbătă îţi vor dovedi oricum inutilitatea cîntecului
(e ca şi cum ţi-ai potrivi gura pe gura morţilor)
arta pentru artă s-o mestece plictisiţii de pîine
tu vei întîmpina duminica aplecat peste rană
ca un ceasornicar de provincie

## Der Uhrmacher

Schön wär's wie jene Männer zu sein
die die Frauen lieben können
unterm glühenden Kanonenrohr
am Montag die Kokarden abgestandner Hochzeitsfeste
aufklauben wie die Leute von der Müllabfuhr
am Dienstag den Kamillentee ablehnen
mit genialischem Starrsinn
den langen Beinen der Mittwochsfee nachschaun
und dem Kamm, dem Spiegel der Explosion des Puders
mit einem blauen Hunderter trotzen
am Donnerstag hör der Hagebutte zu
wie sie auf den Hügeln des Frühjahrs hustet
den Alten, die eine Kirche auf dem Rücken tragen
streiche den Freitag
denn am Samstag beweisen sie dir sowieso
die Nutzlosigkeit der Lieder
(als wolltest du Tote künstlich beatmen)
*l'art pour l'art* ist wie Kaugummi
für jene, die das Brot schon langweilt
du aber wirst dem Sonntag begegnen
über eine Wunde gebeugt
wie ein Uhrmacher aus der Provinz

## Oraş cu pînze

În orăşelul azvîrlit pe cîmp
vîntul cu pălăria lui de paie
uşor isteric, îmbătat de ploaie
fluieră la femei şi joacă tîmp.

Aici ca-ntr-o conservă de beton
ne naştem toţi sub zodia furnicii
zei ambulanţi ne vînd formula fricii
şi mulgem blînda vacă de neon,

aici norii tîrîţi la frizerii
sînt tunşi şi îmbrăcaţi în uniforme
aici piatra bolnavă de reforme
comandă pentru noi culoarea gri,

aici fiindcă eu singur sînt nebun
la pînze şi catarg lucrez tot anul
căci pe oraş voi răscoli oceanul
să-l schimb pe trei baloturi de tutun

## Stadt mit Segeln

Weggeworfen auf dem Acker liegt die Stadt
der Wind mit Strohhut, wolkenschwer,
der sich am Regen so besoffen hat
pfeift leicht hysterisch hinter Frauen her.

Hier kommen wir zur Welt wie im Betontresor
und Ameisen sind unsre guten Sterne
ein Wandergott verkauft uns ein Rezept für Terror
wir melken die Neonkuh in der Plastkaserne.

Die Wolken schleppt man schleunigst zum Frisör
gestutzt steckt man sie grau in Uniformen
ach Grau ist unsre Farbe beim Verhör
der Stein befiehlt's, der leidet an Reformen.

Die weißen Segel setz ich auf der Gasse
denn hier bin ich der letzte Narr bei Tag
ich fahr aufs Meer und mach die große Kasse:
ich tausch die Stadt für einen Ballen Tabak

## Peşti

chipul zeilor demult s-a retras
pe eticheta cutiilor de conserve,
a mai rămas doar ceata bătrînilor
să urmărească o biserică fardată prin ploaie
şi delicata maşinărie a florii-soarelui
să uruie pe colină la nesfîrşit.

Noi stăm înghesuiţi cu vitele pe cîmp
şi parcă pacheboturi elegante
pe care nervii mării nu le mai suportă
plutesc prin lanurile verzi lăsînd
doar urme de petrol şi de petreceri.

Astfel ca nişte peşti fricoşi pîndim
sub paradisul curgător frînghia
ce-o să ne salte şi pe noi pe punte.

Dar nu-i nimic:
o altă lume trece
prin dreptul altei lumi şi nu se-ating

## Fische

Das Antlitz der Götter hat sich längst zurückgezogen
auf die Etiketts an den Konservenbüchsen
geblieben ist nur noch der Haufe der Alten
die im Regen eine geschminkte Kirche betrachten
und die zarte Maschinerie der Sonnenblumen
die endlos auf dem Hügel rattert.

Mit dem Vieh stehn wir dicht gedrängt auf dem Feld
es ist als schwebten Luxusdampfer
die das Meer nicht mehr erträgt
durch die grünen Wiesen
nichts hinterlassend als Spuren
von Treibstoff und Transatlantik-Partys.

So lauern wir wie furchtsame Fische unterm
vorbeischwebenden Paradies auf den Strick
der auch uns an Bord hieven wird.

Aber es ist nichts:
eine Welt zieht an der andern vorbei
und sie berühren sich nicht

## Buldozerul

la ce folosesc prietenii
cînd plictisit într-o dimineaţă deschizi butoanele aragazului
să încălzeşti ceaiul
şi cu chibritul în mînă
ezitînd
te joci dintr-odată cu moartea?
Ei opun totdeauna cancerului o pungă cu portocale
ei sînt dispuşi multă vreme să te vorbească de bine
sparg cîteodată un pahar în amintirea ta
îţi donează 100 de grame de sînge
pe care ţi-l vor scoate-n obraz la prima beţie
îţi pierd imaginea într-un lan de trestii de zahăr
pînă cancerul se dovedeşte a nu fi cancer
şi mirarea se schimbă în dezamăgire
şi însănătoşirea începe să ţi se pară dubioasă şi de prost-gust
şi tot ce te va mai mişca de aici înainte
ce te va mişca într-adevăr
nu va fi nici bătaia ceasului
nici muzica
nici libertatea
ci doar buldozerul
care îţi mişcă scaunul

## Der Bulldozer

Wozu sind Freunde gut
wenn du eines Morgens gelangweilt den Gashahn aufdrehst
um den Tee warm zu machen –
und plötzlich
mit dem Streichholz in der Hand
spielst du zögernd mit dem Tod?
Dem Krebs setzen sie stets eine Tüte Apfelsinen entgegen
sie sind durchaus bereit lange Zeit gut von dir zu sprechen
manchmal schmettern sie zur Erinnerung an dich ein
        Schnapsglas zu Boden
sie spenden dir hundert Gramm Blut
und lassen dich beim ersten Besäufnis dankbar erröten
sie verlieren dein Bild in einem Zuckerrohrfeld
bis sich herausstellt, daß der Krebs gar kein Krebs war
und das Staunen sich in Enttäuschung verwandelt
und deine Genesung dir verdächtig und geschmacklos
        vorkommt
und alles, was dich von nun an bewegt
was dich wirklich bewegt
ist weder das Schlagen der Uhr
nicht die Musik
noch die Freiheit
sondern allein der Bulldozer
der deinen Sessel bewegt

**Monolog cu un şoarece**

ca să ajung la castel
urc într-o maşină slinoasă
pusă parcă-n mişcare de burduful unui acordeon
in care pompează veselia ţiganilor.
În privirea lor
civilizaţia mărginaşă decantează dispreţul vioi:
cuţitul nu întreabă cum te mai cheamă,
vinul acru şi mirosul bălegarului de pe cizme
dau înjurăturilor tonul salutului familiar.
Sărăcia lor nu-i înspăimîntătoare
(dovadă zborul jos al berzei care-şi caută cuibul)
n-au biserică fiindcă ştiu totul unii despre alţii,
fascinaţi ca iepurii
în lumina orbitoare a crimei
au timp s-arunce deasupra oraşului
un pumn de copii sunători.
Eu locuiesc într-un fel de bucătărie a unui castel adevărat,
sînt un ins ridicol: car imagini cu roaba,
prind un şoarece-n şapcă fiindcă vreau să-i vorbesc
şi el moare de inimă nesuportîndu-mi
dragostea sau plictisul
singurătatea sau cîntecul

## Monolog mit einer Maus

Um zum Schloß zu gelangen
steig ich in einen schäbigen Bus
den so scheint's der Balg einer Ziehharmonika antreibt
bewegt von der Fröhlichkeit der Zigeuner.
In ihren Blicken
gießt die Zivilisation der Ränder behende Verachtung
vom Bodensatz ab:
das Messer fragt nicht danach, wie du heißt
der saure Wein und der Kotgeruch an den Stiefeln
lassen ihre Flüche wie herzliche Grüße klingen.
Ihre Armut ist nicht erschreckend
(als Beweis diene der Tiefflug des Storchs, wenn er
sein Nest sucht)
Kirchen haben sie keine, weil sie alles voneinander wissen
sie haben Zeit, fasziniert
wie die Hasen vom grellen Licht des Verbrechens
um über die Stadt eine Handvoll
klingender Kinder zu werfen.
Ich wohne in einer Art Küche eines wirklichen Schlosses
ich bin ein lächerlicher Typ: jede Menge Bilder
schlepp ich herbei
ich fang eine Maus mit der Mütze, weil ich mit ihr
sprechen will
und sie stirbt, weil sie
meine Liebe nicht aushält oder meine Langeweile
meine Einsamkeit oder mein Lied

## Duminica fără sfîrşit

puneţi-mi trei catarge absurde astă-seară
sînt transatlanticul din cartier
sînt cîinele ceţos orbit de faruri
în care glorioşii dau cu pietre
pe care îl sărută beţivanii
şi îl momesc golanii cu slănină.
Aici plictisul ţine loc de mare
şi zeul zgribulit şi fără acte
va fi ucis de bunul-simţ în zori,
aici amanţi se-nchid ca-ntr-o conservă
aici bătrînii stau înfipţi în ziduri
aici doar tusea mea devine sinceră
aici zefirul zvonului aduce
un chef de viaţă peste murdării:
meciul de fotbal tulbură familii
şi mugetul de patefon e liber
şi primăvara parcă bate-n geamuri
cu degetele ei de muscă verde ...
La urma urmei mă-ndoiesc de tine
pînă te-ating cu buzele amare

## Sonntag ohne Ende

Gebt mir heut abend drei absurde Masten
ich bin der Ozeanriese dieses Stadtbezirks
der Nebelköter, den die Autos blenden
auf den die Starken mit den Steinen werfen
den die Trunkenbolde zärtlich küssen
und die Rabauken locken ihn mit Speck.
Die Langeweile ersetzt bei uns das Meer
der Anstand bringt bis morgen früh
den Gott mit Gänsehaut und ohne Ausweis um
hier schließen sich die Pärchen ein
wie in Konservenbüchsen, festgemauert
stehn hier die Alten in der Wand
hier ist allein mein Husten, was er ist
hier bringt das warme Lüftchen der Gerüchte
eine gewisse Lebenslust über den Schmutz:
das Fußballspiel trübt das Familienleben
die Grammophone sind so frei und brüllen
der Frühling scheint's klopft an die Fenster
mit seinen schimmernd-grünen Fliegenfingern …
Zu guter Letzt fang ich an dir zu zweifeln an
bis meine bittren Lippen dich berühren

## Comis-voiajorii

*In satele din jurul laboratorului atomic*
*a fost interzisă plantarea pomilor fructiferi*

pînă şi proletara floare de muşeţel
îşi consumă exilul departe de patria ceaiului
pentru îndrăzneala de-a fi făcut contrabandă cu polen.
Din grija faţă de om
albinele sînt vînate cu plase
prin care n-ar trece nici răsuflarea unui copil.
Mari premii sînt puse pe capul negustoresei
de miere ucigătoare.
Mierla purtînd în guşă un mic reactor
ne-ar putea trimite în paradis cu şuierul ei.
Ni se recomandă să ne întîlnim cît mai rar
(prin tifonul sterilizat
sărutul ajunge pe buze ca un reproş).
Dar băiatului venind de la şcoală
ar putea să-i crească un nufăr pe gît
ar putea să-i explodeze mărul ascuns în ghiozdan.
Grija faţă de om
i-ar muta desigur părinţii în orăşelul de munte
unde nimeni nu cunoaşte pe nimeni
ca şi cum ar fi posibilă o spălătorie de amintiri.
Şi-n timp ce eu vreau să dau cîntecului
alt sens decit pînă acum,
comis-voiajorii fabricilor de măşti pentru gaze
comis-voiajorii instituţiilor »anti« şi »contra«
comis-voiajorii »grijii faţă de om«
vin surîzînd
oferindu-mi recompense grozave
pentru reclama făcută produselor lor,
vin şi mă bat pe burtă numindu-mă prieteneşte »colega«

## Die Handelsreisenden

*In den Dörfern in der Umgebung des Atomlabors*
*ist das Anpflanzen von Obstbäumen untersagt.*

Sogar die proletarische Kamille
verbringt ihr Exil fern von der Heimat des Tees
sie erdreistete sich, Pollen zu schmuggeln.
Aus Sorge um den Menschen
werden die Bienen mit Netzen gejagt
durch die auch der Atem eines Kindes nicht dringt.
Große Preise sind ausgeschrieben auf den Kopf der Alten
die mit tödlichem Honig handelt.
Die Lerche mit dem kleinen Reaktor im Kropf
könnte uns mit ihrem Trillern zum Himmel jagen.
Man empfiehlt uns, einander so selten wie möglich zu treffen
(durch die keimfreie Gaze
erreicht der Kuß deine Lippen wie ein Vorwurf).
Dem Jungen könnte auf dem Weg von der Schule
eine Seerose am Hals wachsen
der in der Schultasche verborgene Apfel könnte explodieren.
Die Sorge um den Menschen
würde seine Eltern natürlich in ein Gebirgsstädtchen
verbringen
wo keiner keinen kennt
als ob's eine Waschanlage für Erinnerungen gäbe.
Und während ich für dies Lied
eine andere als die bisherige Bedeutung such
kommen die Handelsreisenden der Fabriken für Gasmasken
die Handelsreisenden der Pro-und-Kontra-Institutionen
die Handelsreisenden der Sorge um den Menschen
sie kommen lächelnd
bieten mir horrende Honorare
wenn ich für ihre Erzeugnisse werbe
sie kommen und klopfen mir auf den Bauch
sie nennen mich freundschaftlich »Kollege«

vin surîzînd
şi n-aş fi crezut
să mor din cauza unui simplu surîs

sie kommen lächelnd
und nie hätt ich geglaubt
an einem einfachen Lächeln einst zugrunde zu gehn

**Vieţi paralele**

•

fără durere număr şi eu stelele
aşa cum crabul
numără globulele albe ale înecatului

## Parallele Leben

Schmerzlos zähl ich die Sterne, auch ich –
so wie der Krebs
die weißen Blutkörperchen des Ertrunkenen zählt

## Între imaginaţie şi umilinţă

ei urcau pe rug ca-n poştalionul de seară
la prima staţie Dumnezeu aştepta deghizat
în hangiu,
totul era gratuit: distracţia – moartea,
prieteni vreascuri proaspete aduceau din belşug ...

Acum călătorind în sudul cutiilor de conserve
cu inchiziţia-n sînge ca un eretic plătit
în aburul dulce al supei vindecat de revoltă
mai sper în trenul de provincie prăfuit
dînd »bună seara« în timp ce trecea prin bucătărie,
acelaşi tren personal după care azvîrleam
cu ceapă,
tren »personal« de parcă-ar fi fost al meu,
pîrlitul tren ce tuşea între staţii,
de dragul căruia aş mesteca eu cărbuni
între imaginaţie şi umilinţă
ezitînd ezitînd ezitînd

## Zwischen Traum und Wirklichkeit

Sie betraten die Scheiterhaufen wie eine Postkutsche
bei der ersten Station erwartete sie Gott
verkleidet als Gastwirt
alles war gratis: die Unterhaltung – der Tod
frisches Reisig im Überfluß brachten die Freunde …

Jetzt da ich in den tiefsten Süden der Konservenbüchsen
verreise
mit der Inquisition im Blut wie ein gedungener Ketzer
in den freundlichen Suppendampf, genesen von der Revolte
jetzt warte ich hoffnungsvoll auf den verstaubten Provinzzug
der mir einen guten Abend wünscht auf seiner Fahrt
durch die Küche
auf den gleichen »Personenzug«
(als könnte er etwas Persönliches sein)
dem ich einst Zwiebeln hinterherwarf
auf den mickrigen Zug
der zwischen den Bahnhöfen hustete
auf den Zug, dem zuliebe ich Kohle fressen würde
ohne mich entscheiden zu können
für den Traum oder die Wirklichkeit
schwankend schwankend schwankend

**Dansul pe jăratec**

Acum gelos pe fluturi ieri alăptat de nori
nici nu ştiam ce-i umbra cînd m-au lovit cu bâţul
ca lacrima pe-obrazul unui copil din flori
am lunecat şi iată simt biciul şi simt hăţul.

Dînd stelele-ntr-o parte aş fi putut să strig
dar mă cuprinse sila de rîsul lor sălbatec,
pe vinetele-mi buze năştea un rug de frig
şi-acum dansez în lanţuri pe spini şi pe jăratec.

Cîndva zburînd pe lacuri abia m-am oglindit
şi apa-nchise ochii la razele-mi stinghere,
acum ei bat din tobe şi zilnic îmi trimit
un blid cu sînge negru de la vreo-njunghiere.

Cum să le spun că floarea salcîmilor mi-a fost
altar de-ngăduinţă şi un prilej de pace
cînd mă lovesc cu pietre şi mă fac tîmp şi prost
că nu pot duce-n spate soioasele cojoace,

cum să le spun că nu pot în rînd cu urşi buimaci
să ţopăi şi să pieptăn cu ghearele nisipul
cînd naşterea-mi fusese vestită de trei magi
şi dintre toţi doar maica îmi recunoaşte chipul,

cum să le spun că nu pot să mormăi ci doar cînt
cum să le spun că mîna-mi a alintat chiar harfa
cînd mi-au lăsat vederii doar geamuri de pămînt
şi-o botniţă prin care nu pîlpîie nici iarba

## Der Tanz auf der Glut

Von Schatten ahnungslos, da trafen mich schon Hiebe
heut neidisch auf Falter, gestern noch wolkengestillt
Tränengleich glitt ich die Haut eines Kindes der Liebe
herab, und seht, ich hab Peitsche und Zügel gespürt

Ich hätte schreien können, hätt ich die Sterne laufen
gelehrt, doch von ihrem rohen Lachen brach ich Blut
Auf meinen blauen Lippen gebar ein Scheiterhaufen
Kälte, und so tanz ich jetzt gefesselt auf der Glut

Vor meinem Licht schlug einst das Wasser seine Augen nieder
und fliegend über Seen sah ich kaum mein Spiegelbild
Heut trommeln sie und schicken mir alle Tage wieder
einen Napf mit schwarzem Blut, das aus einer Wunde quillt

Wie soll ich's ihnen sagen: die Akazienblüte
war mir Altar der Milde und Friedensgrund genug
Nun steinigen sie mich und heißen Einfalt meine Güte
weil ich den Schafpelz, den sie tragen, selber nicht ertrug

Wie sag ich's bloß: ich hopse nicht, ich mag nicht graben
mit dem Kamm der Krallen, tanzbärgleich, im Sand
Wo doch drei Könige meine Geburt verkündet haben
und von allen nur Mutter mich erkennt im Morgenland

Wie sag ich's bloß ganz deutlich? Ich will singen
jetzt ist für meine Augen nur Erde da statt Fensterglas
Berührt hab ich die Harfe, daß die Saiten klingen
Erde zum drin wohnen und ein Maulkorb nur fürs Gras

## Laşitatea de-a scrie versuri

ca şi cum mi-aş potrivi cîntecul
după plictisul altora
viaţa mi-o ia puţin înainte:
înalţă cîteva restaurante la ţărmul mării
şi nici nu mai ştiu
dacă orchestrele vor să-mi acopere plînsul
sau să mă acompanieze
dacă revolta nu-i umbra laşă a acţiunii
dacă berăria nu-i cea autentică
iar valurile doar un pretext

## Die Feigheit, Gedichte zu schreiben

Als paßte ich mein Lied
der Langeweile andrer an –
so überholt mich langsam das Leben:
baut ein paar Kneipen am Strand
und ich weiß nicht mal
ob die Musik mein Weinen übertönen
oder es begleiten will
ob die Revolte der feige Schatten der Tat ist
ob nicht die Bierstube das Authentische ist
und das Meer nur ein Vorwand

# II

## Democraţia naturii

În martie lăzile de gunoi explodează
împroşcînd cu pisici roşii ca flăcările
întunericul neorealist.
Fierbe oraşul sub fosforul lor pofticios
sărutul miroase dulceag a pucioasă,
gravide-ar pluti dintr-odată prin cameră
de n-ar fi greoii saci cu nisip
cîrtitori în faţa televizorului
suflînd în supele veşnice.
Trec roiuri de fluturi pe sub fustele fetelor
şi mîna-mi cade grea de polen.
O mică termocentrală instalată la gura proştilor
ar da acum randamentul deplin
(indolent şi sărac nici măcar nu mi-e frică).
Un copil urinează pe turla bisericii
şi Dumnezeu primeşte jetul lui cald
ca o alinare pe-un călcîi reumatic.
Cartoful putred zvîrlit pe maidan
scoate şi el puţica lui verde
ca un semn de democraţie a naturii

## Die Demokratie der Natur

Im März explodieren die Mülltonnen
und bespritzen das neorealistische Dunkel
mit flammendroten Katzen.
Die Stadt kocht unterm lüsternen Phosphor
der Kuß riecht süßlich nach Schwefel.
Gäb's nicht die schweren, nörgelnden Sandsäcke
vor den Fernsehgeräten, die in die ewigen Suppen blasen
es schwebten plötzlich schwangere Frauen durchs Zimmer.
Schmetterlingsschwärme flattern unter den Röcken
der Mädchen
und meine Hand sinkt herab, pollenbeschwert.
Eine kleine Thermozentrale, beheizt von den Mündern
der Dummen
wäre heut ein profitables Geschäft
(indolent und arm wie ich bin
hab ich noch nicht einmal Angst).
Ein Kind pißt auf die Kirchenkuppel
und der liebe Gott fängt den warmen Strahl auf
wie ein Streicheln auf seiner rheumatischen Ferse
die verfaulte Kartoffel auf der Mülldeponie
zieht ihr grünes Schwänzchen heraus
als ein Zeichen für die Demokratie der Natur

## Vacile

Aceste vaci aduse din Olanda cu avionul
sînt mîndria ţinutului nostru
vă jur
şapte ţigani angajaţi să le cînte-n surdină
stau ascunşi în coceni pînă seara
îngrijitorii sughiţă sub duşuri
strănută jigniţi în maşina de raze
şi doctoru-i ceartă că-n haine
au iz de tutun şi de ţuică.
De n-ar fi nici satele oarbe prin jur
nici copii desculţi prin păşune
pătînd oarecum peisajul
ei bine aceste balerine
ar lua şi mai multe medalii

## Die Kühe

Diese aus Holland eingeflogenen Kühe
sind der ganze Stolz unsrer Gegend
ich schwör's euch
sieben Zigeuner haben wir angestellt
die ihnen auf ihren Geigen was vorspieln, sie hocken
bis abends versteckt hinter den Schobern
unsre Wärter kriegen unter den Duschen den Schluckauf
sie niesen gekränkt im UV-Licht
und der Viehdoktor schimpft
weil ihr Zeug nach Tabak und Fusel stinkt
wenn es ringsum auch die blinden Dörfer nicht gäbe
und auf der Weide nicht die barfüßigen Kinder
die noch irgendwie die Landschaft verschandeln
dann, oho, dann bekämen die Ballerinen
noch mehr Medaillen

## Discurs împotriva revoltei

Mie revolta nu mi-a adus mari întinderi de pămînt
neproductivă şi isterică
noaptea se strecura cu mine sub plapumă
ziua mă electrocuta pe cîmp,
daţi-mi voi un pepene de care să mă sprijin
daţi-mi un tren în mişcare să mă pot rezema
fiindcă fără ruşine mi se face foame pe rug
şi-n locul şirei spinării am o cartuşieră-ncărcată
hau hau o fac eu pe cîinele şi pe vînătorul
şi chiar pe băştinaşul hăituit în mlaştini,
nu mă mai iubesc deci voi îmbătrîni
şi Dumnezeu e-un buzunar care nu se mai termină
şi singurătatea fabrică la nesfîrşit
aceiaşi sinucigaşi amatori
vreau să mă nasc şi maică-mea-mi spune că s-a plictisit
vreau să plîng şi se oferă unii să plîngă mai cu talent,
daţi-mi voi un pepene de care mă sprijin
daţi-mi un tren în mişcare să mă pot rezema

## Diskurs gegen die Revolte

Mir hat das Rebellieren keine weiten Landstriche eingebracht
unproduktiv und hysterisch
kroch die Nacht mit mir unter die Decke
der Tag elektrisierte mich auf dem Feld
gebt ihr mir eine Melone
        auf die ich mich stützen kann
gebt mir einen fahrenden Zug
        an den ich mich lehnen kann
denn auf dem Scheiterhaufen werd ich unverschämt hungrig
und statt des Rückgrats hab ich einen vollen Patronengurt
wau-wau so spiel ich den Hund und den Jäger
und sogar den übers Moor gejagten Ureinwohner
ich liebe mich nicht mehr also werde ich altern
und Gott ist eine unendlich tiefe Tasche
und die Einsamkeit fabriziert bis in alle Ewigkeit
die gleichen dilettantischen Selbstmörder
ich will geboren werden, und meine Mutter sagt
        sie hat es satt
ich will weinen, und schon machen sich welche erbötig
        begabter zu weinen
gebt ihr mir eine Melone auf die ich mich stützen kann
gebt mir einen fahrenden Zug an den ich mich lehnen kann

## Descoperirea operei

Multă vreme am crezut că poezia doarme sub aripa
cocostîrcului
sau că va trebui să scurm după ea prin păduri
dar ca un profet izgonit din pustiu de gîlgîitul sondelor
acum sînt dispus să fac un pact cu realitatea
şi să recunosc c-am greşit:
sparg c-un tîrnăcop zidul
şi vă las să priviţi

## Die Entdeckung des Kunstwerks

Lange Zeit glaubt ich, die Poesie schlafe
unterm Flügel des Storchs, ich glaubte
ich müsse graben nach ihr in den Wäldern
doch wie ein Prophet, den das Gluckern der Sonden
aus der Wüste vertreibt, schließe ich jetzt
den Pakt mit der Wirklichkeit
und bekenn meine Fehler:
Mit einer Spitzhacke brech ich die Wand auf
und laß euch hineinschaun

## Şansonetă

Dimineaţa se moare mai ieftin
la prînz cu reclamă
seara obligatoriu luxuriant.
soarele pare un pieptăn
lacul o lamă
cu care-mi tai vena de diamant.

Şapca-i o scoică de cîrpă
unde-mi cîntă sticleţii
ca Dumnezeu în balon,
moarte cu bere şi bîrfă
în mijlocul vieţii
cîine acordeon.

Totuşi e cald ca-ntr-o vacă
şi casele au
un tremur ciudat,
îngerul meu de baracă
sau
rai demodat

## Chanson

Am Morgen stirbt man bescheiden
mittags ein bißchen besser
und abends unbedingt opulent.
Als Kamm scheint die Sonne verkleidet
der See als ein Messer
das meine Edelsteinadern durchtrennt.

Mütze – Muschel aus Spinngeweben
meiner Vögel Pfeifrevier
im Ballon zwitschert Gott in die Welt.
Tod mitten im Leben
bei Verleumdung und Bier
Hund, der aus der Harmonika bellt.

Dennoch ist's warm wie im Pansen des Viehs
und der Häuserzug neigt
sich in seltsamem Zittern:
ins Pensionsparadies
steigt
mein Engel hinter Gittern

## Portret

Frate desigur geamăn cu buclucul
o să vînez cartoful şi coltucul
şi-o să m-atace ca o fiară cucul.

Şi risipit ca un mălai prin tufe
aştept furnica neagră să mă pupe
umflat de raze şi strivit de rufe

## Porträt

Mein Zwillingsbruder ist das Mißgeschick
ich geh auf Abfall- und Kartoffeljagd
das Raubtier Kuckuck bricht mir das Genick.

Verstreut wie Maismehl auf dem Weg zurück
wart ich auf den Kuß der schwarzen Käfer
vom Licht gedunsen und vom Hemd erdrückt

## La vin scăzut

Seara se-ncheagă-n arbori ca sîngele de vită
şi jos la masa noastră de parcă nici n-am fi
nebunul se aruncă pe lampă s-o înghită
să i se facă poate în măruntaie zi.

La vin scăzut sub ceaţa cu foşnet de veşminte
(în bîlciul toamnei îngeri s-au dezbrăcat ades)
o s-auzim cum trece căruţa cu morminte
cînd munţii au pe limbă un gust ciudat de şes.

Scădem şi noi şi marea intră-n ghioc măruntă
biserici pe sub mîna calicilor se trag
fieru-i mîncat de apă ca văduva de-o nuntă
sarea se-ngreuiază în trupul celui drag

sarea se-ngreuiază în trupul celui drag

**Bis zur Neige**

Wie Blut im Vieh stockt die Nacht in den Bäumen
wir sitzen darunter als gäb's uns nur noch in Träumen
Als wollt er's verschlucken, stürzt der Narr sich aufs Licht
damit in seinen Eingeweiden vielleicht der Tag anbricht

Das Glas ist halbleer, wie Tuch raschelt der Nebel vorm Haus
(auf dem Jahrmarkt des Herbstes zogen sich Engel oft aus)
Wenn auf den Zungen der Berge ein Geschmack nach
    Ebene liegt
hörn wir, wie der Karren mit Gräbern um die Ecke biegt

In einer kleinen Muschel versinkt das Meer am Strand
die Hochzeit frißt an der Witwe wie das Wasser am Land
Kirchen falln in Bettlerhände, auch wir sind fast leer
im Leib des Liebsten wird das Salz so schwer

im Leib des Liebsten wird das Salz so schwer

## Astăzi nu

La o masă umblătoare
la un vin ce nici n-a fost
stau cu moartea-ntre pahare
chefuind în zi de post,

urcă viermele pe lampă
fierb piroanele în uşi
simt mireasma ei de vampă
dezbrăcată de cenuşi.

Astăzi nu dar mîine poate
(dracu ştie oare cînd)
fi-voi tînăr pe furate
iar bătrîn şi mai curînd

## Heute nicht

An einem losen Tisch ich saß
bei einem Wein, den es nicht gab
leert ich mit dem Tod das Glas
feierten wir Fastentag,

Würmer krochen auf den Tisch
Nägel kochten in der Tür
Tod, du riechst verführerisch
wenn die Asche fällt von dir.

Heute nicht doch vielleicht morgen
(weiß der Teufel wo und wann)
bin ich jung und ohne Sorgen
eher noch ein alter Mann

## Dispariţia unui figurant

Se-acreşte primăvara şi ea pe stîrvul crăcii
şi claunul boceşte în spatele barăcii
şi rufele bătrîne îl cheamă pe frînghie
să îşi usuce plînsul lui mic de prăvălie.

În iarba veche umblă un soi de iarbă nouă
cu pîre şi veninuri. Fă-te şi tu că plouă,
acceptă şi tu circul şi pe lumina slabă
descuie rinocerul şi intră-n el degrabă

## Das Verschwinden des Statisten

Der Frühling gärt im toten Geäst auf dem Feld
und der Clown weint laut hinterm Zelt.
Die Wäschestücke rufen ihn zu sich auf die Leinen
damit es trocken wird, sein Gemischtwarenweinen.

Im alten Gras wächst mit Verleumdung und Gift
eine neue Art Gras. Stell dich dumm, wenn's dich trifft
akzeptiere den Zirkus. Im Zwielicht geh hin
zum Rhinozeros, schließ es auf und verschwinde darin

## Vîrsta zeilor

Ca porcarul nebun prin podişul Iranului
cu turma, cu negoţul absurd,
psalmodiind printre anahoreţii-ngroziţi
că porcul e cel mai bun peşte,
încotro lemn de trandafir,
tu carnea mea veselă şi analfabetă?
Nu simţi primăvara cu microbii necreştinaţi
adulmecîndu-te ca pe-o sfîntă biserică,
în timp ce maistrul Ioan Botezătorul
sparge norma la barajul lacului de-acumulare
şi-n canalul de fugă
îngăduie filosofilor să se-adune
sub şuvoaie,
sub apăsarea materiei?
Şi cîtă înghesuială Doamne în acest trup
în care oasele îşi dau unul altuia bună seara,
şi ce manierism,
ce ironie dulcissimă,
să-l vezi de-o sută de ori pe April scamatorul
şi asta să se numească vîrsta zeilor …
Încotro lemn de trandafir,
tu carnea mea veselă şi analfabetă?

## Das göttliche Alter

Wie der verrückte Schweinehirt
auf der persischen Hochebene mit seiner Herde herumzieht
mit seinem absurden Geschäft
die Psalmen leiernd unter den erschreckten Anachoreten
daß nämlich das Schwein der beste Fisch sei:
Wohin zieht's dich, Rosenholz
du mein fröhliches, des Lesens und Schreibens unkundiges
Fleisch?
Spürst du nicht den Frühling mit seinen heidnischen
Mikroben
die dich wie ein Gotteshaus beschnuppern
während Schichtmeister Johannes der Täufer
die Norm am Staudamm übererfüllt
und die Philosophen sich versammeln läßt
im Kontrollgang unter den Wassermassen
unter dem Druck der Materie?
Und welch ein Gedränge, Herr, in diesem Leib
in dem die Knochen einander einen schönen Abend wünschen
welch ein Manierismus
welch heiterste Ironie
hundertmal den April diesen Clown zu sehn
und dies, heißt es, sei das göttliche Alter ...
Wohin zieht's dich, Rosenholz
du mein fröhliches, des Lesens und Schreibens unkundiges
Fleisch?

## La berărie

Nu mai e bere la berărie
mor cartiere, latră tramvaie
pe umejoare ruguri de paie
se coc eretici de meserie,
doamnă cerneală du-te-n pîraie
fă-te pădure, doamnă hîrtie.

La berărie nu mai e bere.
Pute-a cutremur. Ţin-te de clanţă.
Iar e de lucru la manutanţă,
iar o să facă proştii avere
şi-or să admire de la distanţă
curajul nostru crescut în sere.

Şi-n timpul ăsta poetul scrie
şi-n vremea asta Irod chiar taie,
smerit dospeşte orzu-n hîrdaie
surd la revolte şi la mînie,
preabotezate sfinte Sisoaie
nu mai e bere la berărie

*Stuttgart, 1980*

## In der Bierstube

In der Bierstube gibt es kein Bier.
Die Altstadt stirbt, es bellt das Straßenbahndepot.
Auf feuchten Scheiterhaufen aus Stroh
werden Profiketzer langsam krepiern.
Frau Tinte fließ zurück in den Strom
werde Wald Frau Papier.

In den Kneipen keine einzige Flasche.
Nach Erdbeben stinkt's. Halt dich bereit.
In den Warenlagern sind sie wieder beschäftigt.
Sie scheffeln sich dumm in die Taschen
und bewundern von weit
unsre Gewächshauscourage.

Unterdessen beschreibt der Poet das Papier
und Herodes schlachtet inzwischen.
Taub gärt im Kübel der Hafer
nach alter Gehorsamsmanier.
Heiliger Bimbam, Getaufter
in der Bierstube gibt es kein Bier

*Stuttgart, 1980*

## Lecţia de geografie

Pe la cinci cînd zăpada începe uşor să prospere
aidoma ţărilor exportatoare de ceai
vino ecuatorială şi plină de emisfere
şi întreabă-mă: ce-ai?

N-o să-ţi spun că benzinăria nu-i benzinărie,
că un ins şoptea într-o albină de fier,
că a fi înger nu-i o meserie,
că o să pier.

Ci-adulmecîndu-ţi mireasma porumbului,
lîna sălbăticită în plovăr,
o să-ţi strig că sînt vărul Columbului
şi-o să te descopăr

## Geographielektion

Um fünf, wenn es dem Schnee langsam besser geht
genau wie den Tee exportierenden Ländern
bring deine Halbkugeln mit vom Äquator
und frag, was will ich verändern.

Ich werd nicht leugnen, daß ein Auto ein Auto ist
daß man mir beim Grüßen festhält die Hände
daß der Engelsberuf einen auffrißt
daß sich mir nähert das Ende.

Vielmehr schnuppernd an deinem wollnen Pullunder
an deinem Duft von Mais und Wicken
werd ich dir sagen, ich sei des alten Kolumbus Bruder
und ich werd dich entdecken

**Peron**

Curajoşii s-au trezit într-o noapte scîncind
lucrurile şi-au mutat umbra pe-o altă stradă
ceasul din turn purta monoclu şi coadă
şi răspundea la numele de Peer Gynt.

Se făcea ordine în pivniţe şi-n literatură
săracilor li se desenau blănuri pe corp
şi chicoteau fetiţele din Düsseldorf
şi oratorii cu pitici în gură.

Şi în gările vechi chiar plantară orez
şi in gările noi secerară mălai,
exista undeva exilat un tramvai
fără clase, analfabet şi obez.

Şi pianul chiar îl mîncase pe domnul pianist
şi burduful chiar se despărţise de acordeon
şi noi tineri naivi – calculam la peron
întîrzierea carbonarului Crist

## Am Bahnsteig

Klagend, daß die Schatten umgezogen sind
wachten die Mutigen auf eines Nachts.
Die Turmuhr trug Monokel und Frack
und hörte auf den Namen Peer Gynt.

Man schuf Ordnung in Kellern und Literatur
man malte den Kranken Salbe auf Schorf.
Es kicherten die Mädchen aus Düsseldorf
und die Redner mit der kleinen Rhetorikkultur.

In alten Bahnhöfen pflanzte man Reis.
Die Straßenbahn lebte irgendwie im Exil
klassenlos, analphabetisch und fett.
In neueren mähte man Mais.

Das Klavier hatte seinen Pianisten getötet
und das Akkordeon dem Balg den Laufpaß gegeben.
Wir, junge Naive am Bahnsteig, fragten mal eben
wie lang sich noch der Heizer Christus verspätet

# III

## Revelaţia evadatului

Ţara mea tunsă chilug
sora mea de detenţie şi singurătate
trage octombrie la cîntar
şi hainele mele par
miriştile tale vărgate.

Cu varul stins al feţei chinuite
spoiră magaziile. Golanii
din craniul tău fac zaruri măsluite.
Ce-am de pierdut? Doar anii, numai anii ...

O, sfîşiat de sud
mîncat de nord
şi digerat pînă-n străbuni de pustă
o să dispar ridicol ca un lord
sub fustele ţigăncilor, sub fustă ...

Erou ba cabotin ba mohorît
mă voi salva prin rîs sau prin minciună
şi chiar de voi muri de moarte bună
tot se va spune că m-au omorît
că m-am născut cu funia de gît
trasă vîrtos de-o neştiută mînă

## Die Offenbarung des Entflohenen

Meine kahlgeschorene Heimat
Schwester in Haft und in Einsamkeit
der Oktober liegt schwer auf der Waage
und das Hemd, das ich trage
ist gestreift wie dein Wiesenkleid.

Mit dem gelöschten Kalk deines gequälten Gesichts
sind die Mauern geweißt, aus dem Knochen der Stirn
haben die Gauner falsche Würfel geschnitzt.
Jahre, nur Jahre ... Was hab ich sonst zu verliern?

Ach, zerfleischt vom Süd, zerfressen vom Nord
und verdaut bis zu den Ahnen von der Pußta
verschwind ich lächerlich und elegant, ein Lord
unterm Zigeunerinnenrock, der keinen Ausweg wußte ...

Ein Held, mal Griesgram und mal Komödiant
werd ich mich lachend oder lügend retten.
Und sterb ich sanft, wird es doch heißen, sie hätten
mich getötet. Denn seit ich einst zur Welt
kam, liegt eine Schnur um meinen Hals, die jemand hält
und fest, ganz fest zusammenzieht

## Valsul Ierihonului

Insistă şi tu, suflă-n trîmbiţa morţii
ca un pensionar in supa fierbinte,
încearcă noi variante
precum cîntăreţul de jazz în faţa Ierihonului
cîntă pînă paznicii te vor goni de-acolo cu pietre
căci vin turiştii
şi ochii broscuţei trebuiesc degrabă vopsiţi
şi cele şapte sute de mantii ale lui Isus bine apretate
vin turiştii cu-o foame de tragedii
şi încă nu s-a zvîntat tencuiala pe ziduri ...
Dacă ai puterea să-ţi imaginezi
un popă călare pe situaţie
ori pasărea paradisului ouîndu-l pe Mark Twain
în cuibarul cald al unei edituri de provincie
atunci insistă
suflă-n pîlnia ruginită
pînă vor valsa zidurile proaspete
în numele Tatălui şi-al Fiului şi-al Sfîntului Duh

## Der Jerichowalzer

Gib nicht auf, blas in die Posaune des Todes
so wie ein Rentner in die heiße Suppe bläst
probier neue Varianten aus
wie der Jazzmusiker vor Jerichos Mauern.
Spiel auf, bis die Wächter dich mit Steinen vertreiben
denn die Touristen kommen
und die Augen des Fröschleins müssen schnell noch gefärbt
die siebenhundert Umhänge Christi schnell noch
gestärkt werden
die Touristen kommen
mit ihrem Hunger nach Tragödien
und noch ist der Verputz auf den Mauern nicht trocken ...
Wenn du die Kraft hast
dir einen Popen vorzustelln
der die Lage im Griff hat
oder einen Paradiesvogel, der Mark Twain als ein Ei
ins warme Nest eines Provinzverlags legt
dann gib nicht auf
blas in den rostigen Trichter
bis die neuen Mauern Walzer tanzen
im Namen des Vaters, des Sohnes und des Heiligen Geistes

## De rerum naturae

Încep din nou spectacolele: teiul
îşi joacă vag mireasma cabotină
Deus în machină şi-a pus uleiul
totul e uns şi totul e rutină.

Marea şi-a luat tainul –
înecaţii
precum cosaşii stau proptiţi în raze,
pe mal prelaţii
pritocită vinul
la abator mugeşte boul Apis,
cu linguriţa vom gusta preaplinul –
viaţa e scumpă timpul însă-i gratis.

Şi norii ce-au filmat o zi întreagă
cu sila lor înaltă de-obiecte
vomită iar în burg o ploaie bleagă
pe filozofii cu-a-lor lumi perfecte

## De rerum naturae

Wieder geht der Vorhang auf: der Lindenbaum
setzt seinen Komödiantenduft in Szene
*deus ex machina* füllt Öl in sein Auto nach
geschmiert läuft alles, alles ist Routine.

Das Meer war schon beim Abendmahl –
und die Ertrunknen
stützen sich wie Schnitter auf die Strahlen
und der Prälat am Strand
gießt wohl vom Bodensatz den Wein ab.
Im Schlachthof brüllt der Ochse Apis
wir löffeln aus, was in den Ausguß fließt –
kurz ist das Leben, doch die Zeit ist gratis.

Die Wolken, die mit ihrem hohen Ekel
vor den Dingen den ganzen Tag gefilmt
erbrechen wieder in die Stadt den dummen Regen
auf die Philosophen und ihre perfekte Welt

## Fiţi liniştiţi

Ce să facă şi ei profeţii
beau bere acră şi le urcă revolta c-un semiton
pînă vin autocarele
să-i poarte prin satele mai arătoase
să se-mbăieze chiar în realitate: bîldîbîc!

La mese lungi
penibili şi înroşiţi de vin
cîntă ei de gît cu primarul şi şeful de post
şi plumbul ce li se lasă greu în picioare
s-o-nălţa în ziarele de dimineaţă mult mai uşor.

Pînă la urmă iau şi eu culoare
fiţi liniştiţi,
mă dau şi eu pe brazdă
fiţi liniştiţi,
stivele de îngeri din magazie nu le-am zărit
nici aurora bătută în cuie, fiţi liniştiţi.
Un burduf de acordeon la maşina de scris o să-mi ataşez
la festivalul sătesc
la nunţile populare
o să-mi fac datoria fiţi liniştiţi,
o să cînt şi eu dar fiţi liniştiţi,
şi chiar ... pentru numele ... nu se poa ... fiţi liniştiţi

## Ruhig Blut

Was auch bleibt ihnen übrig, den Propheten
sie trinken saures Bier, und ihre Revolte steigt
um einen Halbton
bis die Reisebusse kommen
und sie durch die grad noch erträglichen Dörfer fahren
zum Bad in der Wirklichkeit: Na Prost denn!

An langen Tischen singen sie
peinlich und rot angesoffen
einträchtig vereint mit dem Bürgermeister
und dem Dorfpolizisten
und das Blei, das ihnen in die Beine sinkt
wird um so leichter in die Morgenzeitungen steigen.

Zu guter Letzt werd auch ich Farbe bekennen
ruhig Blut
auch ich werd mich übern Tisch ziehen lassen
ruhig Blut
die Regale voller Engel im Laden hab ich nicht gesehn
auch nicht den festgenagelten Heiligenschein, ruhig Blut.
Den Balg einer Ziehharmonika werd ich an meiner
Schreibmaschine
anbringen lassen
beim Dorffest bei den Hochzeiten auf dem Land
werd auch ich meine Pflicht tun
auch ich werde singen ruhig Blut
und sogar … um Gottes … das darf doch nicht … ruhig Blut

## Elegia butoiului

Cîţi morţi au stat la masa asta
cîţi încă vor mai sta la ea
bînd vinul rubiniu din coasta
martirului de cafenea

răpus şi tăvălit prin curte
spre beciul ca un buzunar,
butoaie mari butoaie scurte
cu viaţa cursă în pahar,

vom fi şi noi închişi în scînduri
poşirci sau vinuri mai de soi,
băuţi de zei, goliţi de gînduri
ca un butoi în alt butoi

## Elegie auf ein Weinfaß

Wie viel Tote saßen schon an diesem Tisch
wie viele werden noch darunter sinken
und Rotwein aus dem Faßhahn ketzerisch
wie aus der Wunde eines Stammtischheilands trinken

den man erschlägt, daß man ihn besser
rollen kann in Gottes Kellertaschen!
Große Fässer, kurze Fässer
deren Lebenssaft man zieht auf Flaschen

Krätzer oder Saft von edlen Trauben
von Göttern getrunken, gedankenentleert
auch uns schließt man dereinst in Dauben:
Fässer – in andre Fässer eingesperrt!

## Trista deturnare a sinucigaşului

Ţi-ai uitat Doamne în om
sclipătul sculei tale de-argint
ca un chirurg distrat
ce coase-n pielea pacientului bisturiul şi foarfeca.
Altfel de unde această disperare fără adresă
ironia acestor lacrimi de împrumut?
Epilepticul electrocutat de un înger
rămîne gravid,
dar cine să-l moşească şi să-i scoată
reveria din tîmplă?
Sinucigaşul din melancolie
se-aruncă de pe catedrala Notre-Dame
şi striveşte-un copil în cădere.
Cine l-a condamnat în zbor
să devină ucigaş de copii?
Nu degeaba scriau derbedeii pe ziduri
»loc de lovit cu capul«
acordîndu-ţi o şansă în plus să verifici
dacă moartea îţi aparţine de drept
dacă moartea e o afacere strict personală

## Die traurige Entführung des Selbstmörders

Im Menschen, Herr, hast du vergessen
das Leuchten deines silbernen Werkzeugs
wie ein zerstreuter Chirurg
der in die Haut des Patienten
die Schere einnäht und das Skalpell.
Woher sonst käme diese ziellose Verzweiflung
und die Ironie dieser Tränen auf Pump?
Ein Engel elektrisiert einen Epileptiker
und der wird schwanger davon –
aber wer wird ihm beistehn
und ihn von seinem Hirngespinst entbinden?
Der Selbstmörder
aus Melancholie
stürzt sich vom Turm der Notre-Dame
und erschlägt im freien Fall ein Kind.
Wer hat ihn im Flug dazu verurteilt
zum Kindsmörder zu werden?
Nicht umsonst haben Tagediebe auf die Mauern gepinselt:
»Hier könnt ihr anklopfen mit dem Kopf«
so hast du wenigstens noch eine Chance zu klären
ob dein Tod dir rechtmäßig gehört
ob der Tod eine strikt persönliche Angelegenheit ist

## Interviu

La noi la ţară e bine e frumos
principiile-au îmbătrînit puţin
dar spirtul medicinal dat prin pîine întinereşte
şi felcerul îl recomandă pentru »uz intern«
la noi tinda bisericii a fost redată agriculturii
porcul a molfăit copilul uitat în copaie
(oricum erau ai Statului şi unul şi altul)
în general e bine la noi la ţară
ăi mici stau cu cănile sub televizor poate s-o da lapte
la radio am terminat demult recoltatul
şi-n curînd o să terminăm şi pe cîmp
în general e bine la noi la ţară e beton e frumos
dacă-ţi cumperi oul din City
dacă fabrica de salam n-o să mai tragă cu coada ochiului
                    înspre cai
la noi la ţară e bine
pompierii în general dau foc la case e frumos
tractorul ară între unii şi alţii
între unii şi alţii o brazdă adîncă
e bine e frumos

## Interview

Bei uns auf dem Land ist es gut ist es schön
die Prinzipien sind ein bißchen älter geworden
dafür verjüngt Alkohol, den man mit Brot ansetzt
und den der Feldscher zur inneren Anwendung empfiehlt.
Bei uns ist der Kirchhof an die Landwirtschaft verscheuert
worden
das Schwein mampft das in der Krippe vergessene Kind
(sowieso haben sie beide dem Staat gehört)
im allgemeinen ist es gut bei uns auf dem Land
unsre Kleinen stehen mit den Kannen vorm Fernseher
vielleicht gibt's da irgendwann Milch
im Radio sind wir mit der Ernte schon seit langem fertig
und auch auf dem Feld sind wir bald schon soweit
im allgemeinen ist es gut bei uns auf dem Land
Beton ist's, es ist schön
wenn du das Ei in der City kaufst
wenn die Salamifabrik nicht mehr verstohlen nach
Pferden schaut
bei uns auf dem Land ist es gut
die Feuerwehrmänner zünden im allgemeinen die Häuser an
es ist schön
der Traktor pflügt zwischen den einen und andren
zwischen den einen und andren tiefe Furchen
es ist gut es ist schön

## Pilat – omul

Leii s-au scurs în placenta nisipului
maimuţele-au pierit de tristeţea maimuţelor...
Ar putea reapare peste o mie de ani
aşa cum apar din senin gîndăceii sub masa beţivului
vîntul va purta seminţe de portocali şi flamingi
taifunul va-mprăştia polenul girafei
vom mînca pepeni
şi-n loc de sîmburi vom scuipa salamandre şi veveriţe
natura îşi va aduce aminte
dulcea amnezie a timpului se va topi
strămoşii noştri vor fi copiii noştri
hidrocentralele vor produce peşte şi iarbă
fulgerul va suge lămpile cu lăcomia viţelului
Tatăl îi va cere iertare Fiului
dar teamă, teamă îmi e
că Pilat – omul
se va spăla încă odată pe mîini

## Pilatus, der Mensch

Die Löwen sind im Mutterkuchen der Sandwüsten
verschwunden
die Affen gehn zugrunde an der Traurigkeit der Affen …
Nach tausend Jahren könnten sie wieder auftauchen
so wie die Küchenschaben unterm Tisch des Säufers.
Dann bringt der Wind Orangen- und Flamingosamen
der Taifun wird Pollen von Giraffen verstreun
wir werden Melonen essen
und statt der Kerne spucken wir
Salamander und Eichhörnchen aus.
Erinnern wird sich die Natur
verschwinden wird die sanfte Amnäsie der Zeit
unsre Ahnen werden unsre Kinder sein
die Wasserkraftwerke werden Fisch und Gräser produzieren
der Blitz wird gierig wie ein Kälbchen an den Lampen saugen
der Vater wird den Sohn um Verzeihung bitten
aber ich fürchte, ich fürchte
daß Pilatus, der Mensch
sich noch einmal die Hände waschen wird

## Vă spun: ticălosul începe să nu mai fie cinstit

Ticălosul începe să nu mai fie cinstit
şi-şi retrage limba lui verde dintre frunze
lipicioasa lui limbă ca o biserică
în radarul căreia îngerul debusolat
cade rănit de elocvenţa episcopului.
Ticălosul bun
ticălosul de treabă
complimentează ologul cu picioarele împletite
ca semnul infinitului
molfăie flori la uşa văduvei
înalţă o ureche uriaşă deasupra oraşului
aboleşte cenzura şi le-ngăduie morţilor să vorbească
viitorul e-al vostru spune el
viitorul şi vrăbiile de pe gard
chiar dacă orzului prăjit îi spuneţi cafea
chiar dacă oul din vitrină pare exotic
voi aveţi dreptul
voi aveţi dreptul
dreptul şi-stîngul
stîng drept stîng drept dreptul
viitorul e-al ologului cu picioarele împletite-n infinit
la urma urmei puţin vă lipseşte să fiţi fericiţi
ca înecatului o gură de aer
ca marinarului puţină corabie.
După şapte ani oasele răposaţilor se spală cu vin
dar vinul a plecat puţin în America
şi mioriţa behăie puţin la Beirut
şi ciorapul nostru stîng e puţin în piciorul lui Ivan.
Jucaţi voi sîrba-n căruţa abatorului

## Ich sag euch, der Schurke ist nicht mehr ehrlich

Der Schurke ist nicht mehr ehrlich
und zieht seine grüne Zunge aus den Blättern zurück
seine klebrige Zunge, wie eine Kirche
in deren Radar der orientierungslose Engel
vom Himmel fällt, verletzt
von der Redegewandtheit des Bischofs.
Der gute Schurke
der anständige Schurke
er lobt den Lahmen für seine Beine
die verschlungen sind wie das Unendlichkeitszeichen
er mampft Blumen an der Tür der Witwe
er stellt ein riesiges Ohr auf über der Stadt
er hebt die Zensur auf und läßt die Toten reden.
Die Zukunft, sagt er, ist euer
die Zukunft und die Spatzen auf dem Zaun
auch wenn ihr die gebrannte Gerste Kaffee nennt
auch wenn das Hühnerei im Schaufenster exotisch aussieht
ihr habt das Recht
ihr habt das Recht
das Rechts und das Links
links rechts links rechts das Recht
die Zukunft gehört dem Lahmen
mit seinen in der Unendlichkeit verschlungenen Beinen
schließlich und endlich fehlt euch nur wenig zum Glück
wie dem Ertrunkenen ein Mundvoll Luft fehlt
und dem Matrosen ein bißchen Schiff.
Nach sieben Jahren wäscht man
die Knochen der Verblichenen mit Wein
aber der Wein ist für ein Weilchen nach Amerika gegangen
und das Lämmchen ruft für ein Weilchen in Beirut
und unsere linke Socke ist ein bißchen an Iwans Fuß.
Tanzt ihr nur, tanzt Sirba auf dem Wagen

şi n-auziţi cum vă strig
că ticălosul începe să nu mai fie cinstit
că ticălosul a devenit bun
că ticălosul e băiat de treabă

der euch zum Schlachthof führt
hört nicht auf mich, wenn ich euch zuruf
daß der Schurke nicht mehr ganz ehrlich ist
daß der Schurke bekehrt ist
daß der Schurke ein guter Junge geworden ist

**Haltă pe cîmp**

Cînd ţi se-agaţă luna de bluză ca o broşă
visez că eşti o haltă din cărămidă roşă
în care trenul intră aproape senzual
dar nu ştiu impiegatul din tine se revoltă
sau poate simţi pîndarul pîndind dinspre recoltă
de ţii cu mîini de febră păcatul la semnal?

## Halt auf freiem Feld

Wenn sich der Mond an deine Bluse heftet, träum ich
du seist ein kleiner Bahnhof aus Backsteinmauern
in dem der Zug fast sinnlich rangiert.
Aber wie kommt's, daß der Stationsvorsteher in dir rebelliert?
Spürst du vielleicht den Feldhüter von der Ernte her lauern
daß du mit Fieberhänden die Sünde anhältst beim Signallicht?

## Bach

Johann Sebastian Bach n-ai obosit să tot cari în spinare de trei sute de ani
leşul boului melodios din orgile înalte?
Tu pui pe pîinea copiilor noştri
miere de biserică, de clopotniţă ...
N-ai obosit să tot crezi că îngerul va veni cu sculele lui de înger
să ne repare păcatele?
Din pricina ta se-mbătă chelarul primăverii
şi-şi pierdu cheile.
Nu-i nimic: vor rămîne boschetele descuiate
floarea de prun va cădea la infinit peste noi

## Bach

Johann Sebastian Bach, bist du nicht müde geworden
seit dreihundert Jahren
das Aas des musikalischen Ochsen aus den hohen Orgelflöten
immerzu auf dem Buckel zu schleppen?
Du streichst auf das Brot unsrer Kinder
Honig von Kirchen und von Glockentürmen …
Bist du nicht müde geworden zu glauben
daß der Engel mit seinem Handwerkszeug kommen wird
um unsre Sünden zu reparieren?
Deinetwegen hat sich der Kellermeister des Frühlings
besoffen
und seine Schlüssel verloren.
Macht nichts: so bleiben die Wäldchen aufgeschlossen
die Zwetschgenblüten werden auf uns fallen
bis in alle Ewigkeit

## Cîrtiţele

Seara călcîiele bătrînilor foşnesc întocmai ziarelor vechi.
Ce să facă şi ele şuşotesc
prin cîte închisori au trecut: de piele, de cauciuc sau de cînepă.
N-au fost oarbe din naştere:
pe sub pleoape trandafirii contemplară
muntele infantil ronţăit de ipotetice capre
fanfarele dinainte de primul război mondial
leorpăite cu linguroiul cel mare.
În întuneric şi năduşeală surpat e canalul de-ntoarcere.
Cinci lacrimi cu unghii tocite
se preling
din ochii cornoaselor cîrtiţe

## Die Maulwürfe

Abends rascheln die Fersen der Alten genau wie alte
Zeitungen.
Was auch bleibt ihnen übrig, sie flüstern
durch wie viele Gefängnisse sie schon gegangen sind:
durch solche aus Leder, aus Kautschuk oder aus Hanf.
Blind waren sie nicht von Geburt an:
sie betrachteten unter rosigen Lidern
den Hügel der Kindheit, angeknabbert von fiktiven Ziegen
und die Fanfaren von vor dem Ersten Weltkrieg
haben sie mit dem Suppenlöffel geschlürft.
Der Kanal der Rückkehr ist in Schweiß und Finsternis
verschüttet.
Fünf Tränen mit stumpfen Nägeln
rinnen aus den Augen
der hornigen Maulwürfe

## La zid

Păi nu mai ţine Doamne ochii-nchişi
că o să-ţi beau amurgul şi-o să-l piş
ca un beţiv nevolnic şi borşit
cu limba între cărămizi, la zid.

De le-o scăpa şi toamna asta ştiu
că n-o mai fi cartelă la rachiu
la mamă la săpun şi la coşciug.
Dă-mi Doamne verbul tău să ţi-l conjug:
Tu eşti, ei sînt, eu însă mai deloc –
biet pirostrei famelic fără foc
clei vorbitor pe-o sorcovă de oase,
hai pune-ţi oala ta cu amiroase
cereşti, supa de-azur,
s-o leorpăie potăile din jur

## An der Wand

Na mach doch, Herr, endlich die Augen auf.
Ich armer Trunkenbold mit saurem Atem
sauf dir sonst die Abendröte weg und piß
sie, an der Mauer kotzend, wieder aus.

Wenn *ihnen* auch noch dieser Herbst entwischt
wird Schnaps bald nicht mehr rationiert
die Mutter nicht, die Seife und der Sarg.
Gib mir dein Verb, o Herr, damit ich's konjugier:
Du bist, sie sind, ich aber bin fast nicht –
ich Eisenkrone, Ofenblech für Asche
Mißgeburt aus Wörterleim und Knochen:
den Topf, in dem die paradiesischen Gewürze kochen
die himmelblaue Suppe, stell sie auf den Tisch:
damit das Lumpenpack ringsum sie schmatzend frißt

## Cină fără sare

Cumpără-ţi un ziar şi taie-ţi mîna dreaptă
cînd vor intra cu buldozerul în cronica lui Neculce,
sau aşteaptă aşteaptă aşteaptă
să-ţi crească în braţe o pîine mai dulce.
Autobuzele parcă au bube parcă au rîie parcă au jerăgai
ziua visez hulube
                    seara tămîie
                                        dimineaţa mălai.
In cantine lingurile imită scîncetul de tramvai,
duhul bromurii sfinte pluteşte peste ceai.
Sub ţevile de canalizare rîsul fetelor
zguduie soldaţii de cărămidă.
Onaniştii lasă luna gravidă
mîngîind pulpa trompetelor.
Ia şi tu o supă pînă la prima staţie
atît de limpede că se vede prin ea starea de graţie
şi bunăstarea.
Vino moarte şi presară pe noi sarea

## Ungesalznes Abendmahl

Schau in die Zeitung und schlag dir die Hand ab
wenn sie Neculces Chronik abreißen
oder warte warte und warte
bis beßres Brot mit dem Winde geflogen kommt.
Der Autobus roch nach Krätze, nach leerem Bauch und nach
Sorgen.
Tags träumt ich vom Joch
am Abend vom Weihrauch
vom Maismehl am Morgen.
Vom Bohnenfraß in den Kantinen knalln die Korken
der Heilige Geist des Broms schwebt überm Tee.
Das Mädchenlachen in der Kanalisation
erschüttert den Zement der Division.
Onanisten streicheln die Hüften
der Morgentrompeten und schwängern den Mond.
Faß auch du bis zur ersten Station
eine so klare Brühe, daß man durch sie den Wohlstand
und den Zustand der Gnade erkennt.
Komm, streu Salz auf uns, Tod

## Pisica şi moartea

Numai pisica pricepe ce spune vuietul sobei
iese afară şi-i suflă povestea burlanului hodorogit
descifrează apoi hieroglifele şoricelului
cască-ndelung
înghiţind casa clopotniţa cartierul,
deschide ochii şi ne reinventează pe toţi
Doar preotul mai întîrzie puţin în pupilele-i galbene:
s-a dus să verifice
dacă n-a încuiat din greşală
vreo bătrînă-n biserică

## Die Katze und der Tod

Nur die Katze versteht das Pfeifen im Ofen
sie geht hinaus und erzählt die Geschichte dem zerbeulten
Ofenrohr
dann entziffert sie die Hieroglyphen des Mäuschens
ausgiebig gähnt sie
und verschluckt das Haus, den Glockenturm, das Stadtviertel
dann schlägt sie die Augen auf und erfindet uns allesamt neu.
Nur der Priester verweilt noch ein bißchen in ihren gelben
Pupillen:
Er geht weg und sieht nach
ob er nicht vielleicht irrtümlich
eine Alte eingesperrt hat in der Kirche

## Pisica metafizică

*lui Al. Paleologu*

»Prindeţi pisica« a strigat regentul
pisica ce sfidează Parlamentul
pisica hămesită din Balcani
că-i apolitică şi ilegală
şi fără buletin de capitală
pisica hămesită din Balcani.

Pisica metafizică şi tristă
prin naştere cam anticomunistă
cu genă dintr-o lume de consum,
n-a dezbrăcat în viaţa ei vreun peşte
n-acumpărat jurnal în franţuzeşte
şi nici gumari din magazinul Gum.

De unde dracu-am moştenit pisica?
Din neorealismul lui De Sica?
Din mediul mic-burghez? Din Neanderthal?
Faceţi ceva! Daţi-i în cap du steagul
căci nu va protesta aeropagul
din găurile lui de caşcaval.

Ea cîntăreşte lumea doar cu ochii
ea poartă ghinionul precum popii
ea toarce-n vreme ce voi toţi munciţi
lingoarea ei s-a cam mutat în lucruri
extrageţi sabia din strung şi pluguri
voi traci în salopete şi voi sciţi!

## Die metaphysische Katze

*Für Al. Paleologu*

»Die Katze fangt!« rief der Regent
sie provoziert das Parlament
die abgezehrte Balkankatze
die apolitische und illegale
ist nicht gemeldet in der Kapitale
die abgezehrte Balkankatze.

Sie, die metaphysisch, trist
und von Geburt an antikommunistisch ist
geprägt – genetisch – vom Konsum
hat niemals nackten Fisch diniert
war nie auf Auslandspresse abonniert
hat nie gekauft im Kaufhaus GUM.

Woher kommt uns das Biest, zum Teufel?
Aus De Sicas Neorealismus-Streifen?
Aus dem Kleinbürgertum? Dem Neandertal?
Schlagt ihr doch die Fahne auf die Stirn
der Areopag wird nicht protestiern
in den Löchern von Emmental.

Mit bloßem Aug mißt sie die Welt von oben
sie bringt Unglück wie die Popen
sie schnurrt, wenn ihr auf Arbeit seid
alles hat sich angesteckt mit Katzenjammer
zieht das Schwert aus Pflug und Hammer
ihr Thraker und ihr Skythen im Arbeitskleid!

**Nachweise**

Die Gedichte dieser Auswahl sind chronologisch angeordnet. Sie wurden folgenden Publikationen des Autors entnommen:

»Ballade vom Verlorensein« aus: *Invocaţie nimănui* (*Anrufung an niemand,* Bukarest 1971);

»Linse« aus: *Elegii de cînd eram mai tînăr* (*Elegien aus einer Zeit, da ich jünger war,* Bukarest 1973);

»Die Reise«, »Der Hauptakteur«, »Die Apotheose der Blinden«, »Künstlerleben«, »Der Tee«, »Mohnblumen bewachen das Kornfeld«, »Gemietete Sonne«, »Die zeitgenössische Ziege«, »Der Uhrmacher«, »Stadt mit Segeln«, »Fische«, »Der Bulldozer«, »Monolog mit einer Maus«, »Sonntag ohne Ende«, »Die Handelsreisenden«, »Parallele Leben«, »Zwischen Traum und Wirklichkeit«, »Der Tanz auf der Glut« und »Die Feigheit, Gedichte zu schreiben« aus: *Teroarea bunului simţ* (*Der Terror des Anständigseins,* Bukarest 1980);

»Die Demokratie der Natur«, »Die Kühe«, »Diskurs gegen die Revolte«, »Die Entdeckung des Kunstwerks« und »Chanson« aus: *Democraţia naturii* (*Die Demokratie der Natur,* Bukarest 1981);

»Porträt«, »Bis zur Neige«, »Heute nicht« und »Das Verschwinden des Statisten« aus: *Exil pe o boabă de piper* (*Exil auf einem Pfefferkorn,* Bukarest 1983);

»Das göttliche Alter«, »In der Bierstube«, »Geographielektion« und »Am Bahnsteig« aus: *Rimbaud negustorul* (*Rimbaud als Kaufmann,* Bukarest 1985);

»Die Offenbarung des Entflohenen«, »Der Jerichowalzer«, »De rerum naturae«, »Ruhig Blut« und »Elegie auf ein Weinfaß« aus: *Moartea citeşte ziarul* (*Der Tod liest Zeitung*, Bukarest 1990).

Die Gedichte »Die traurige Entführung des Selbstmörders«, »Interview«, »Pilatus, der Mensch«, »Ich sag euch, der Schurke ist nicht mehr ehrlich«, »Halt auf freiem Feld«, »Bach«, »Die Maulwürfe«, »An der Wand«, »Ungesalznes Abendmahl«, »Die Katze und der Tod« und »Die metaphysische Katze« wurden aus dem 1989 im Hausarrest entstandenen Manuskript des Autors übersetzt.

## Inhalt

I

II

III

# Lyrik

Ilse Aichinger
**Verschenkter Rat**
Band 11048

Rose Ausländer
**Blinder Sommer**
Band 5199
**Denn wo ist Heimat?**
Band 11152
**Ich spiele noch**
Band 10421
**Im Atemhaus wohnen**
Band 2189
**Sanduhrschritt**
Band 11158
**Der Traum hat offene Augen**
Gedichte 1965-1978
Band 9172

Wolfgang Bächler
**Ausbrechen**
Gedichte aus 20 Jahren. Band 5127

Wolfgang Bächler
**Die Erde bebt noch**
Frühe Gedichte 1942 bis 1957
Band 9174
**Nachtleben.** Bd.5872

Joseph Brodsky
**Gedichte.** Bd.9232

Paul Celan
**Die Niemandsrose/ Sprachgitter**
Band 2223

René Char
**Die Bibliothek in Flammen**
und andere Gedichte
*La bibliothèque est en feu*
Zweisprachige Ausgabe. Band 10803
**Zorn und Geheimnis**
*Fureur et Mystère*
Zweisprachige Ausgabe. Band 9571

Robert Creeley
**Echos**
Band 12036

Hilde Domin (Hg.)
**Doppelinterpretationen**
Das zeitgenössische Gedicht. Band 1060

Odysseas Elytis
**To Axion Esti - Gepriesen sei**
Gedichte und Prosa
Band 5029

Erich Fried
**Anfechtungen**
Band 10343
**Befreiung von der Flucht**
Gedichte und Gegengedichte
Band 5864
**Die Freiheit den Mund aufzumachen**
48 Gedichte
Band 10344

**Fischer Taschenbuch Verlag**

fi 145 / 15 a

# Lyrik

Erich Fried
**100 Gedichte ohne Vaterland**
Band 10988
**Frühe Gedichte**
Band 9511
**Reich der Steine**
Zyklische Gedichte
Band 5959
**Von Bis nach Seit**
Gedichte aus den Jahren 1945-1958
Band 11783
**Warngedichte**
Band 2225

Walter Helmut Fritz
**Mit einer Feder aus den Flügeln des Ikarus**
Ausgewählte Gedichte. Band 9266

Yvan u. Claire Goll
**Traumkraut/ Die Antirose**
Band 9590

Ludwig Greve
**Sie lacht und andere Gedichte**
Band 11524

Klaus Hensel
**Stradivaris Geigenstein**
Band 11286

Bruno Hillebrand
**Und sage ja zu diesem Augenblick**
Gedichte aus den Jahren 1960-1985
Band 10842

Peter Huchel
**Chausseen, Chausseen**
Band 5120

Marie L. Kaschnitz
**Überallnie**
Ausgewählte Gedichte 1928-1965
Band 5820

Matthias Koeppel
**Starckdeutsch**
Oine Orrswuuhl dörr schtahurcköstn Gedeuchten
Band 11011

Jan Koneffke
**Gelbes Dienstrad wie es hoch durch die Luft schoß**
Band 10786

Michael Krüger
**Aus der Ebene**
Band 5865
**Diderots Katze**
Band 2256
**Die Dronte**
Band 9222

Günter Kunert
**Berlin beizeiten**
Band 9567

## Fischer Taschenbuch Verlag

fi 145 / 17 b